中小学名师讲堂·素质拓展之校本教材系列丛书
成都高新区尚阳小学教育教学改革系列丛书

悦动空竹
——国家级非遗传统体育项目进校园

主　编 ◎ 徐　红　　戢惠斌　　陈　敏
副主编 ◎ 尚可欣　　周　峻
编　委 ◎ 唐　鸿　　张鹏翀　　李程建
　　　　　周　健　　杨　燕

西南交通大学出版社
·成　都·

图书在版编目（CIP）数据

悦动空竹：国家级非遗传统体育项目进校园 / 徐红，
戚惠斌，陈敏主编. —成都：西南交通大学出版社，
2020.9
ISBN 978-7-5643-7455-6

Ⅰ. ①悦… Ⅱ. ①徐… ②戚… ③陈… Ⅲ. ①抖空竹
–中小学–教材 Ⅳ. ①G634.961

中国版本图书馆 CIP 数据核字（2020）第 096291 号

Yue Dong Kongzhu
——Guojiaji Feiyi Chuantong Tiyu Xiangmu Jin Xiaoyuan

悦动空竹
——国家级非遗传统体育项目进校园

主编 徐 红 戚惠斌 陈 敏

责任编辑	居碧娟
封面设计	曹天擎
出版发行	西南交通大学出版社 （四川省成都市金牛区二环路北一段 111 号 西南交通大学创新大厦 21 楼）
发行部电话	028-87600564　028-87600533
邮政编码	610031
网　　址	http://www.xnjdcbs.com
印　　刷	成都中永印务有限责任公司
成品尺寸	185 mm×260 mm
印　　张	5.5
字　　数	100 千
版　　次	2020 年 9 月第 1 版
印　　次	2020 年 9 月第 1 次
书　　号	ISBN 978-7-5643-7455-6
定　　价	38.00 元

图书如有印装质量问题　本社负责退换
版权所有　盗版必究　举报电话：028-87600562

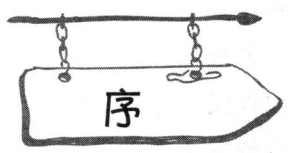

千年古艺　翻飞激情

"抖空竹"是我国独有的民族体育运动项目之一，至今已有近1700年的历史。早在三国时，曹植写过一首诗《空竹赋》。宋朝时，宋江写过一首七言四句诗："一声低来一声高，嘹亮声音透碧霄，空有许多雄气力，无人提挈漫徒劳。"清朝是空竹发展的鼎盛时期，风靡城乡。抖空竹运动集娱乐、健身、技巧、灵活、竞技、表演、休闲于一体。抖动时姿势多变，使绳索翻花，可做出"过桥""对扔""串绕""抢高"等动作。抖空竹的技巧颇多，有"仙人跳""鸡上架""放捻转""满天飞"等。抖空竹是我国汉族民间传统的杂艺游戏活动，流行全国各地。2006年，经国务院批准、文化部认定，抖空竹项目被列入第一批非物质文化遗产名录。

成都市校园空竹运动始于2008年，经过10余年的推广和普及，目前已发展成了近200所学校，10万余名学生及老师参与练习和比赛的、知名度很高的运动项目。从2016年起，由成都市体育局、成都市教育局主办的成都市中小学生及教师校园空竹大赛已经成为成都市中小学校每年固定开展的赛事，为更多学校和师生展示空竹运动的水平搭建了舞台，为中华传统文化的继承和发展起到了积极的推动作用。

新的体育课程标准已将民族体育项目列入体育课的选修内容，因此，对空竹的技巧进行提炼、创新，对教学经验进行总结，使其作为一种资源进入体育课堂，既可以锻炼学生体格，提高身体素质，又可以将传统项目传承下去，同时也是对学生进行爱国主义教育、增强民族责任感的好机会。我校自建校以来，积极开展空竹运动，将空竹运动引进课堂，在低段体育教学课程中每周安排一节"空竹课"，中、高段体育教学中每期一个单元的空竹教学内容，让非物质文化遗产得到进一步传承。随着新课改的进一步深化，本着"开发校本资源、深化校本研究"的精神，体育组老师将民族体育项目"抖空竹"作为校本课程内容进行开发，编写了这本适合我校实际情况的空竹校本教材，用于指导空竹运动的教学及训练，并以此做好普及与提高相结合的抖空竹特色文化工作，培养优秀的抖空竹能手，更好地营造抖空竹特色建设的氛围，积极进行学校特色文化建设，提升学校特色品位。

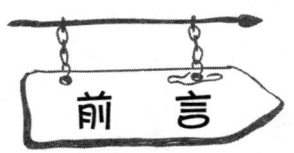

　　抖空竹在我国可谓历史悠久，当前，它作为一项体育运动，正在全国各地被广泛开展。开展抖空竹运动对小学生来说意义深远，学生在抖空竹时需全身巧妙配合，完成既定的花样动作，可以促进全身的血液循环，提高四肢的协调能力，促进大脑的发育，提高灵敏性，起到健身强体的作用。

　　我校自立校以来就开展空竹运动，将空竹引进课堂，每周安排至少一节空竹课，让非物质文化遗产得到进一步传承。本教材主要介绍了双轮空竹的抖法，以学生的实际学习需求为基础，遵循教育规律，有目的、分阶段地进行编写。

　　本教材内容分为四章，第一章主要是空竹理论概述；第二章主要介绍了空竹的入门动作；第三章节介绍了空竹的基本动作；第四章主要介绍空竹游戏和套路；附录是教学计划。

　　抖空竹的过程当中还可以使学生坚持不懈、团结协作、相互竞争、勇于创新等多方面的品质和能力得到不断提升和发展。小学生在长期的空竹练习中还能不断提高自身的艺术表现力。

　　本教材主要为学校社团及作为校本课程使用，由于借鉴的资料较少，编写人员能力有限，此书仍有不足之处，请广大读者多提宝贵意见，以便后期修改更正。

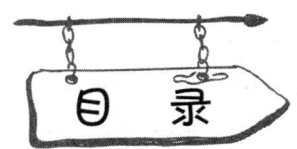

目 录

第一章　空竹理论概述

第一节　空竹的起源与发展 ························· 3
第二节　空竹的种类及结构 ························· 4
　　一、空竹的种类 ····························· 4
　　二、空竹的结构及常识 ······················· 4
第三节　空竹的功能及练习的注意事项 ············· 5
　　一、空竹的功能 ····························· 5
　　二、注意事项 ······························· 6

第二章　空竹的入门动作

第一节　空竹的启动方法 ··························· 9
　　一、动作名称 ······························· 9
　　二、动作要领及图解 ························· 9
　　三、学习评价 ······························· 10
　　四、教学建议 ······························· 10
第二节　空竹的上扣、解扣及加速 ················· 10
　　一、动作名称 ······························· 10
　　二、动作重难点 ····························· 10

三、动作要领 ··· 10
　　四、学习评价 ··· 11
　　五、教学建议 ··· 11
第三节　空竹的平衡方法 ·· 11
　　一、动作名称 ··· 11
　　二、动作重难点 ·· 11
　　三、动作要领及图解 ··· 12
　　四、学习评价 ··· 12
　　五、教学建议 ··· 12
第四节　空竹的方向调整 ·· 13
　　一、动作名称 ··· 13
　　二、动作重难点 ·· 13
　　三、动作要领及图解 ··· 13
　　四、学习评价 ··· 14
　　五、教学建议 ··· 14

第三章　空竹的基本动作

第一节　水平一 ·· 17
　　一、左右横摆和回环 ··· 17
　　二、左右回环 ··· 18
　　三、高山流水 ··· 19
　　四、抛高 ··· 20
　　五、金鸡上架 ··· 21
　　六、左右翻花 ··· 22
　　七、鲤鱼跃龙门 ·· 23
　　八、公平秤 ·· 24
　　九、猴子翻筋斗 ·· 26
　　十、火炬 ··· 27
　　十一、抬头望月 ·· 28
　　十二、二仙过道 ·· 29
第二节　水平二 ·· 30
　　一、金手指 ·· 30

二、叠棉被 ·· 31
　　三、捞月 ··· 32
　　四、风火轮 ··· 33
　　五、反抄 ··· 34
　　六、平沙落雁 ·· 36
　　七、摇辘轳 ··· 37
　　八、左右绕花线和收势绕花线 ···································· 38
　　九、金龙绕腿 ·· 39
　　十、金龙绕臂 ·· 41
　　十一、霸王鞭 ·· 42
　　十二、金龙摆渡 ··· 43
第三节　水平三 ·· 45
　　一、抛高转身 ·· 45
　　二、抛高跳绳 ·· 46
　　三、前抛后接 ·· 47
　　四、单杆飞险 ·· 48
　　五、大撒把 ··· 50
　　六、八仙过海 ·· 51
　　七、左右开弓 ·· 52
　　八、绕脚左右弹跳 ·· 53
　　九、左右骗马 ·· 54
　　十、左右逢源 ·· 55
　　十一、一线二空竹的启动法 ······································ 56
　　十二、一线二空竹的抖法 ··· 57
　　十三、一线二空竹的加速与调整 ······························ 58

第四章　空竹游戏、套路

第一节　空竹游戏 ·· 63
　　一、双人空竹游戏 ·· 63
　　二、多人空竹游戏 ·· 63
第二节　小套路 ·· 64

附 录

附录一　一年级上册空竹教学计划 ·· 67
附录二　一年级下册空竹教学计划 ·· 68
附录三　二年级上册空竹教学计划 ·· 69
附录四　二年级下册空竹教学计划 ·· 70
附录五　三年级上册空竹教学计划 ·· 71
附录六　三年级下册空竹教学计划 ·· 72
附录七　四年级上册空竹教学计划 ·· 73
附录八　四年级下册空竹教学计划 ·· 74
附录九　五年级上册空竹教学计划 ·· 75
附录十　五年级下册空竹教学计划 ·· 76
附录十一　六年级上册空竹教学计划 ·· 77
附录十二　六年级下册空竹教学计划 ·· 78

第一章　空竹理论概述

第一章　空には何がある

第一节　空竹的起源与发展

空竹是我国民族文化花园中一株灿烂的花朵。空竹古称"胡敲",也叫"地铃""空钟""风葫芦",济南俗称"老牛"。

抖空竹在我国可谓历史悠久,关于空竹的记载,最早见于北宋宣和年间,至今已有近千年的历史。传说,宋江见人玩胡敲,有感而发,赋诗一首:"一声低了一声高,嘹亮声音透碧霄,空有许多雄气力,无人提挈漫徒劳。"明代刘侗、于奕正《帝京景物略》:"空钟者,剜木中空,旁口,荡以沥青。卓地如仰钟,而柄其上之平。另一线绕其柄,别一竹尺有孔,度其绳而抵格空钟。绳勒右却,竹勒左却。一勒,空钟轰而疾转。"清代对空竹有更多记载,梁溪坐观老人在《清代野记》中记载:"京师儿童玩具,有所谓空钟者,即外省之地铃。两头以竹筒为之,中贯以柱,以绳拉之作声。唯京师之空钟,其形圆而扁,加一轴,贯两轮,其音较外省所制,清越而长。"清代《燕京岁时记》中记载:"空竹者,形如车轮,中有短轴,儿童以双杖系棉线播弄之。"又清代李虹若在《朝市丛载》中记曰:"抖空竹,每逢庙集,以绳抖响,抛起数丈之高,仍以绳承接,演习各样身段。"生动地记述了当时民间抖空竹的情景。

空竹最初为宫廷玩物,后传至民间并广为流行。特别在我国北方地区,空竹曾风靡城乡,成为家喻户晓的健身娱乐玩具。

中华人民共和国成立后,特别是随着我国改革开放和小康社会的建设,人民的物质、精神文化生活水平得到了极大提高,对文化品位的提升和强身健体也有了更高要求。作为一项古老而又年轻的体育活动,抖空竹又重新焕发了活力。

抖空竹集健身、娱乐、表演于一体,四季寒暑都可练,男女老少皆适宜,深受广大群众欢迎。近些年来抖空竹在全国各地有很大发展,特别是北京、天津、郑州、西安、石家庄、济南、广州等地练习者众多,且互有交流。

抖空竹深受广大中老年同志和学生的喜爱。空竹价格低廉,易于学练,也不受场地限制。有的空竹抖起来嗡嗡作响如牛鸣,十分悦耳,同时还能做出很多花样招式,具有很强的技巧性和观赏性,故而使不少人乐此不疲。

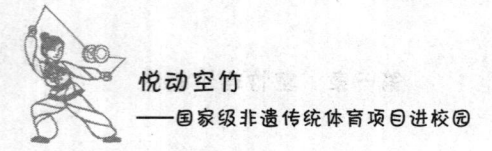

第二节 空竹的种类及结构

一、空竹的种类

从目前空竹的结构、规格、功能以及原材料的不同，空竹有不同的分类方法。

按空竹的结构来分，其可分为单轮空竹、双轮空竹、异形空竹。

从规格来说，空竹有几百种规格，其最小的直径才2厘米，最大的可达40厘米以上。经常用来练习或表演的空竹一般都是10至15厘米的。

按制作的原材料来分，可分为：

（1）竹木结构空竹；

（2）塑钢、塑木结构空竹；

（3）玻璃钢（纤维强化塑料）与木材结构空竹；

（4）塑胶+金属结构空竹。

按功能，可分为：

（1）练习表演空竹：即一般规格的空竹；

（2）工艺品空竹：具有两种功能，既可以抖着玩，又可以观赏收藏；

（3）电子空竹：抖起来既有彩色灯光，又有音乐；

（4）橡胶空竹：多为双轮空竹，最大的好处是不受到场地和时间限制，不发声、不扰民。使用橡胶空竹特别安全，尤其是对初学者和小学生。

二、空竹的结构及常识

空竹所使用的器材由皮碗空竹、抖杆（一对）、抖绳三个部分组成，成本低廉，经久耐用。

器材的规格和使用要求：

（1）抖杆长度：30～35厘米；

（2）空竹直径：1～1.3厘米；

（3）抖绳规格：18～24支纱的纯棉线绳，长度以本人双臂伸展开从一手虎口至另一手虎口的长度为标准长度。

（4）系绳方法：先将线绳的两端打个死结（小疙瘩），然后盘个活套，套在杆头的绳槽内，拉紧系牢（如图1）。

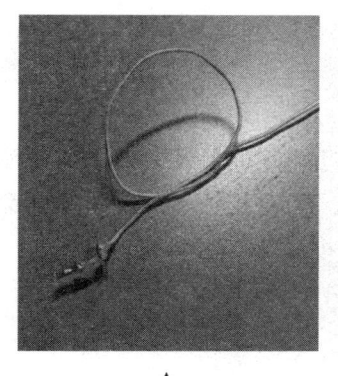 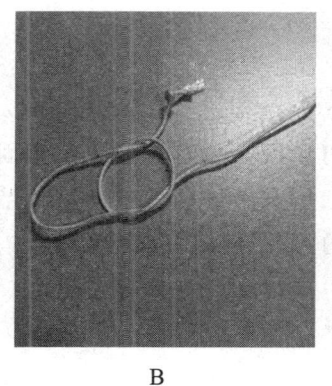 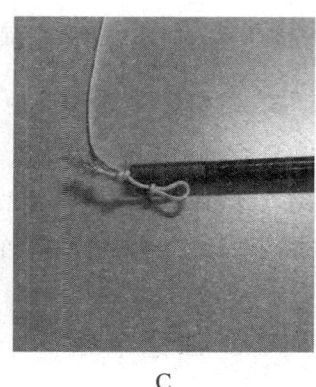

A　　　　　　　　　B　　　　　　　　　C

图 1

> 量长短口诀：抖空竹用棉线，平展双臂量长短，左虎口到右虎口，两杆悬在虎口边。

（5）握杆方法：双手呈握拳式，大拇指压在杆的上面。杆的后端露出手约 1 厘米。

第三节　空竹的功能及练习的注意事项

一、空竹的功能

抖空竹是一项非常好的娱乐和体育活动。抖空竹以其独有的锻炼方法和运动形式，对健身祛病也有着独特的效果。

1. 抖空竹可以强身健体

抖空竹是一项全身性运动，对头、颈、躯干、四肢均有锻炼作用。经常练习抖空竹可以减少脂肪，发达肌肉，提高耐力，强身健体。

抖空竹又是一项有氧健身运动，所有的动作必须靠一定的力量和速度才能完成。练习者要调气息、提丹田，从而增强了心肺功能，促进了全身血液循环和新陈代谢，提高了身体素质和抗病防病能力。

2. 抖空竹可以调整大脑和中枢神经功能

抖空竹与其他健身项目的区别在于对动作要求严格，准确性须较高。练习中要全神贯注，手、眼、身、步要协调联动，缺一不可，这些必须靠大脑指挥完成。经常练习抖空竹的人，他们的身体灵活性和协调性都优于其他同龄人，关键就是得益

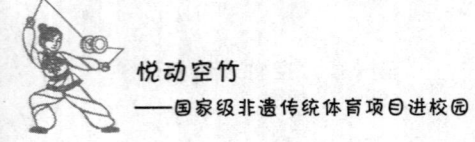

于大脑中枢神经功能的增强。

3. 抖空竹对各关节的锻炼效果显著

抖空竹对各关节的锻炼可以说是独有的，也是全面的。它的大幅度运动，转体下蹲，上仰下俯，使肩关节、肘关节、腕关节、膝关节、踝关节以及腰椎和颈椎都能得到锻炼。经常抖练空竹的人关节都比较灵活。

二、注意事项

1. 要坚持量力而行

由于每个人的情况不同，其适应性也不一样，故自己应制订一个符合本人实际的练习计划。练习时间不要太长，强度不要过大。有的人为了练习某一动作，超出了身体承受能力，造成了肌肉拉伤或其他身体不适，我们要引以为戒。

2. 要注意自身安全

学习抖空竹应该说没有什么安全问题，但是在练习某些花样技巧时，如不小心，其不安全因素还是存在的。空竹旋转起来速度快、力量大，加之初学者基本要领掌握不好，就可能失手或是发生碰伤。我们要在保证安全的前提下循序渐进，提高技艺，不可片面追求高难度动作，更不能在没有把握的情况下做一些危险动作。

3. 要注意周围的安全

由于抖空竹具有很强的观赏性，往往吸引不少人围观。有时多人同时练习而场地狭小时，就显得比较拥挤。这时要注意周围人的安全。空竹有时会脱绳而出，还有初学者尚未掌握抖空竹的规律和要领，空竹落地或是抛出的情况时有发生，这就有可能碰伤同伴或观众，这一点要特别注意。

第二章　空竹的入门动作

第二章　空中的人们的生活

第一节 空竹的启动方法

一、动作名称

滚动提拉启动法和定位手旋启动法。

1. 滚动提拉起动法（又称起范）

先将空竹一个端面正对自己放在右脚前，双手握杆，左手杆头高于右手杆头。把线绳垂直套在空竹轴上，启动时右手杆向左提拉，使空竹向左滚动，左手绳顺势下垂跟随。右手绳顺势将空竹提拉起来，以右手为主不断用力提拉，左手为辅放松跟随配合，上下不断抖动，空竹即会旋转起来。开始抖动时，左右杆头的距离在20厘米左右为宜。

2. 定位手旋起动法

左手握双杆，杆头分开，右手手心向上，五指抓住空竹一端，使空竹挂在线绳的中央。拉紧线绳向左突然发力转动空竹，右手瞬间从左手接过一根杆，双手配合上下抖动，右手用力，左手放松跟随配合，使空竹不断地向左旋转。

二、动作要领及图解

一对正，二对齐，右手压力向上提，左手配合不用力（如图2）。

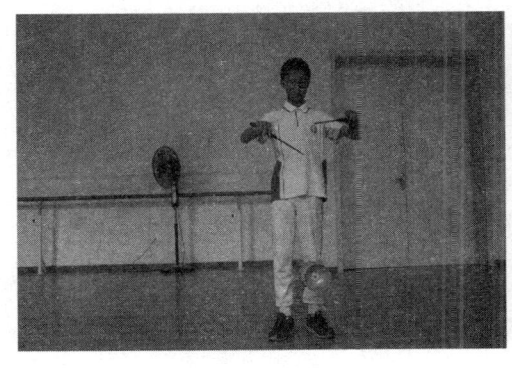
A

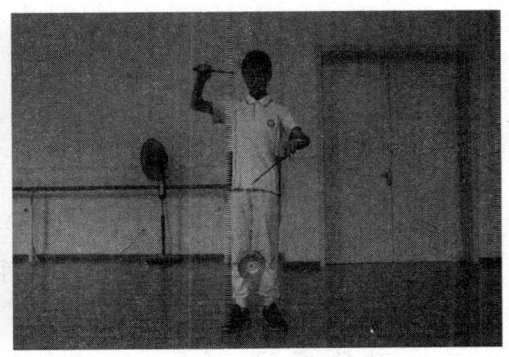
B

图2

安全注意事项：一定注意安全，严格按照老师的要求操作。

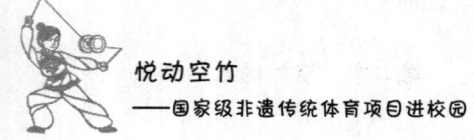

（1）对正——自己的身体始终正对空竹的一个端面；

（2）对齐——双手握杆，杆头要对齐，杆头要在一个立面上；

（3）右手用力——右手用力垂直向上提拉，左手放松配合跟随。其他启动方法将在以后的教学中详细讲解。

三、学习评价

学生能够自己独立学会滚动提拉启动法及定位手旋启动法。

四、教学建议

（1）抖空竹时，空竹绳不宜过长，以免空竹碰到自己脸部；

（2）抖空竹时，应注意距离，人与人之间应有 2.5 米的距离；

（3）抖空竹时不要抛高，练习抛接空竹时不要超过头顶 1 米的高度；

（4）不要对着他人突然抛出空竹；

（5）不要在教室或楼道里抖空竹。

第二节　空竹的上扣、解扣及加速

一、动作名称

空竹的上扣解扣及加速

二、动作重难点

重点：左手自然放下两杆呈内"八"字形提拉空竹。

难点：右手杆顺时针绕轴承一圈，左手自然放下，两杆呈内"八"字形提拉空竹。

三、动作要领

1. 上扣、解扣

空竹抖动起来平稳后，左手把空竹杆高高举过头顶，右手用杆头带动空竹线逆时针绕轴承一圈，就像是用毛笔在墙面上画了一个圆圈，这就是上扣。然后左手自

然放下两杆呈内"八"字提拉空竹。解扣也是把左手举起，然后用右手杆顺时针绕轴承一圈，左手自然放下两杆呈内"八"字提拉空竹。

2. 加速

右手提拉加速是指空竹加扣后两手握杆呈内"八"字，右手用力垂直向上提拉空竹，左手配合做向右方送的动作，等空竹下落到底时再将空竹拉起，这样反复多次即可提高空竹的转速。

> 口诀：上扣抖沉住气，右手用力向上提；空竹拉起线轻松，自然落下再拉起，空竹上下像拍球，球一落地又弹起，拉起松线再落下，周而复始多练习。

四、学习评价

学生能够独立连贯完成空竹的上扣解扣及加速动作。

五、教学建议

周而复始多练习，左手一定要自然配合，千万不能用劲，否则会缠线，甚至会把线绷断。

第三节　空竹的平衡方法

一、动作名称

空竹的平衡方法。

空竹在抖动旋转过程中，双手配合不好就会出现前轮高或后轮高的倾斜现象，所以需要及时调整以掌握平衡。

二、动作重难点

重点：右手绳向前轮靠并提拉线绳。
难点：前后轮平衡后，随即双手杆头对齐继续抖动。

三、动作要领及图解

以右手绳为主,如前轮高,右手绳向前轮靠并提拉线绳;如后轮高,右手绳向后轮靠并提拉线绳。左右线绳夹角越大,调整平衡效果越好。前后轮平衡后,双手杆头对齐继续抖动即可,平衡调整。(如图3)

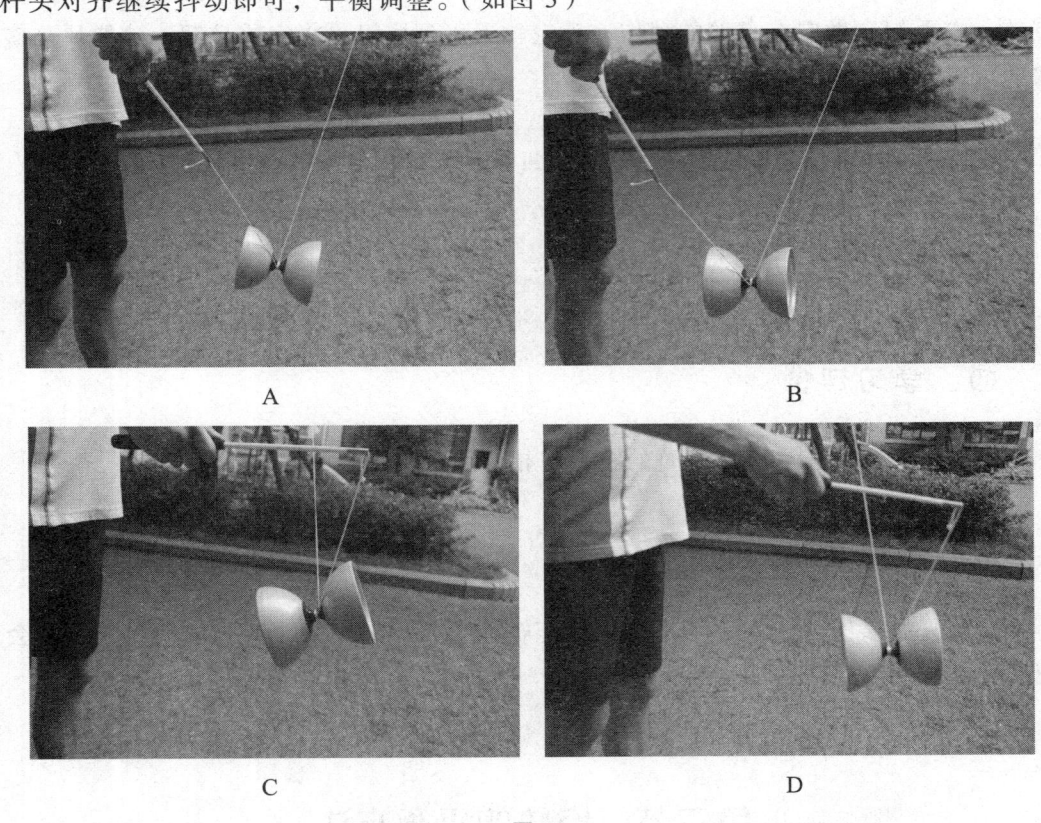

图3

> **口诀:** 空竹倾斜不用怕,调整平衡有办法;调整一定用右手,专向高处把线压;前轮高时向前推,后轮高时向后压。

四、学习评价

空竹在抖动旋转过程中,学生能够及时调整以掌握平衡。

五、教学建议

调整空竹平衡时必须保证空竹具有一定的转速。

第四节 空竹的方向调整

一、动作名称

空竹的方向调整。

在抖动空竹时应面向固定的方向，但有时会发生空竹向左或右偏转的现象。

二、动作重难点

重点：左手高举杆把线绳拉紧。

难点：稍倾斜的右杆头轻轻地触动空竹的后轮。

三、动作要领及图解

需要向左方调整，方法为：左手高举杆把线绳拉紧，用稍倾斜的右杆头轻轻地触动空竹的后轮（杆与中轴线成45°角），空竹即转向左方（如图4-A）。

如果需向右方调整，方法为：左手高举杆把线绳拉紧，用稍倾斜的杆头轻轻地触动空竹的前轮（杆头向内侧与中轴线成45°角），空竹即转向右方（如图4-B）。

空竹在抖动时有时会出现向里或向外歪斜的现象，如不及时调整，就很难做各种动作和花样。

A

B

图 4

口诀：双轮空竹最关键，空竹方向不能变，一旦空竹方向转，全靠右手杆和线，欲要右行压前轮，若压后轮向左转。

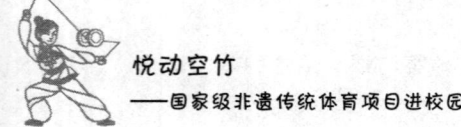

（1）空竹向外侧歪斜：用右手的抖绳拨动空竹轴在自己的方向一侧，直到将空竹校正为止。

（2）空竹向里侧歪斜：右手的抖绳拨动空竹轴在外侧的轴面，直到将空竹校正为止。

（3）空竹跳动时：用右手抖杆轻轻触动一下空竹轮盒的外圆，空竹即可平稳地转。

原理：用线压轮为减速，制造两轮转速差，此轮受阻速度减，彼轮原速无变化，一快一慢方向变，方向调整全靠它。

四、学习评价

在抖动空竹时应面向固定的方向，要求学生能够学会2种空竹的方向调整方法。

五、教学建议

空竹在抖动过程中，教师提醒学生让空竹的一个端面始终对正自己。

第三章　空竹的基本动作

第三章 浙江资本输出地

第一节 水平一

一、左右横摆和回环

（一）动作释义

做左摆右摆时，用空竹杆带动线再用线带动空竹，使空竹向左摆向右摆。只许在身前一个面上、一条直线上摆动，切忌前后摆动，高度大约在腰间。

（二）动作重难点

重点：两个杆头要对齐，杆头轴心一条线。

难点：做摆不能甩，右手拉线引带，摆动平稳。

（三）动作要领及图解

要做摆不能甩，右手拉线做引带；两个杆头要对齐，杆头轴心一条线；空竹画弧左右行，运动之中线松开。（如图 5）

A

B

图 5

（四）学习评价

学生能够熟练做出花样技法左右横摆的动作 10 个。

（五）教学建议

（1）和同伴比一比谁摆得又多又好。

（2）提醒学生要做摆不能甩。

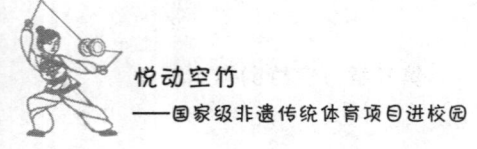

二、左右回环

（一）动作释义

做左右回环时，以空竹杆头为圆心，用空竹杆带动线，再用线带动空竹在立面画一个圆。逆时针画圆为左回环，顺时针画圆为右回环。

（二）动作重难点

重点：做左右回环时，以空竹杆头为圆心。

难点：逆时针画圆为左回环，顺时针画圆为右回环。

（三）动作要领及图解

做左右回环时一定要知道原理，空竹始终在身前的一个面上运动，如违背这个原理就做不了这个花式。

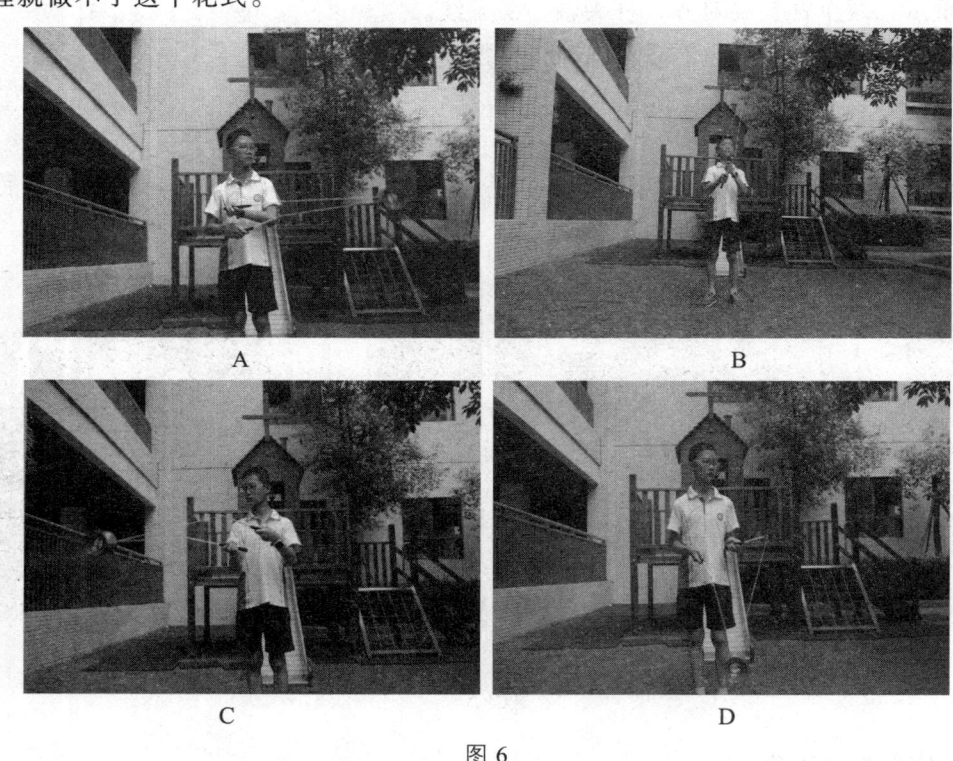

图 6

（四）学习评价

学生能完成空竹技法左右回环 10 个。

（五）教学建议

分解教学，先左后右，保持空竹在一个面上运动。

三、高山流水

（一）动作名称

高山流水。

（二）动作重难点

重点：以空竹杆头为圆心向左逆时针做一个大回环。

难点：右手从空竹的前下方绕时，右手杆不要碰到空竹。

（三）动作要领及图解

（1）空竹回旋加速，双手平握空竹杆，空竹高速旋转。

（2）双手发力，使空竹由右向左顺时针大循环一次。

（3）当空竹循环至最低处时，右手拉直线，左手向上，右手垂直向下拉紧线，使空竹悬在上面。

（4）当空竹的线稍微松动，空竹就会由上往下滑落，即高山流水。反之，双手发力使空竹由左往右逆时针做两次大循环。

（5）同理，大循环至最低处时，右手在上、左手在下拉紧线，使空竹悬在上面。当拉紧的线稍松空竹滑下，实现另一只手的高山流水。（如图7）

图7

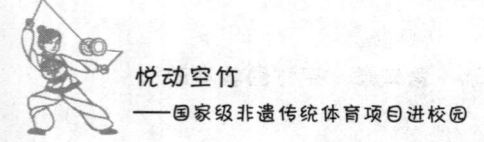

注意，第一次大循环只做一次，其他都做两次。

（四）学习评价

动作连贯，准确完成高山流水动作，空竹控制合理。

（五）教学建议

分解动作，注意大循环的次数。

四、抛高

（一）动作释义

用下交叉抖法将空竹加速到一定转速时，摘扣，双杆头相对，使空竹下沉停稳，双手同时用腕力将空竹向正上方挑起抛出，随后将抖杆线绳向左右拉紧，左手杆指地，右手杆指天，杆头对准空竹轴心，把空竹接住，抛接时要求直上直下。

（二）动作重难点

重点：双杆头相对，使空竹下沉停稳。

难点：抖杆线绳向左右拉紧。

（三）动作要领及图解

利用腕力向两侧拉直线绳上抛空竹，右手伸直杆头向上接空竹。（如图8）

（四）学习评价

学生在学习过程中能够完成20个抛高动作。

A

B

 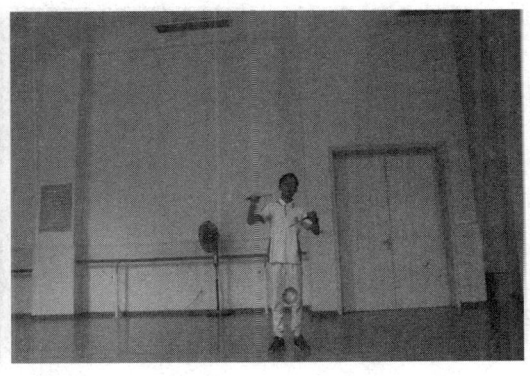

            C   D

图 8

（五）教学建议

接空竹时，右杆头必须对准空竹轴心，拉紧左右线绳。

五、金鸡上架

（一）动作名称

金鸡上架。

（二）动作重难点

重点：空竹转速，动作迅速。
难点：空竹杆保持平衡。

（三）动作要领及图解

（1）上杆技巧（右手）：将空竹加速到一定转速时，摘扣，右手横于胸前，同时，身体向左转身 90°，正对空竹侧面颈部，空竹尽量靠近右杆。右手杆在下，左手杆在上，空竹绳拉直，让空竹在右杆上转。（如图 9）

           A   B

C　　　　　　　　　　　　D

图 9

左手上杆动作与右手上杆相同，方向相反。

（2）滚杆技术练习：在上杆技术的基础上，上杆手臂自由地调整空竹在杆上的位置，使空竹能够在杆上自然地滚动。

（四）学习评价

左右手上杆，能很好控制平衡，并能完整地做好动作。

（五）教学建议

教授动作时，空竹落于右杆上，杆头微翘；左手金鸡上架时，杆头微低。

六、左右翻花

（一）动作名称

左右翻花，又称"蜻蜓点水"。

（二）动作重难点

重点：线接住空竹。
难点：两个空竹杆保持平行一致。

（三）动作要领及图解

（1）左翻花：将空竹加转稳定后，右手摘扣后两杆头向前持平。空竹轻微右横摆后，用力向左横摆，空竹顺势顺时针摆过左杆，线搭在左杆内侧中间位置，右杆微向前伸用线接空竹，空竹绕过杆后落在线上，停1~2秒。两杆横拉绷绳，将空竹向左弹出，空竹顺时针绕过左杆回到解扣状态，准备右翻花。（如图10）

（2）右翻花：动作相同，方向相反。

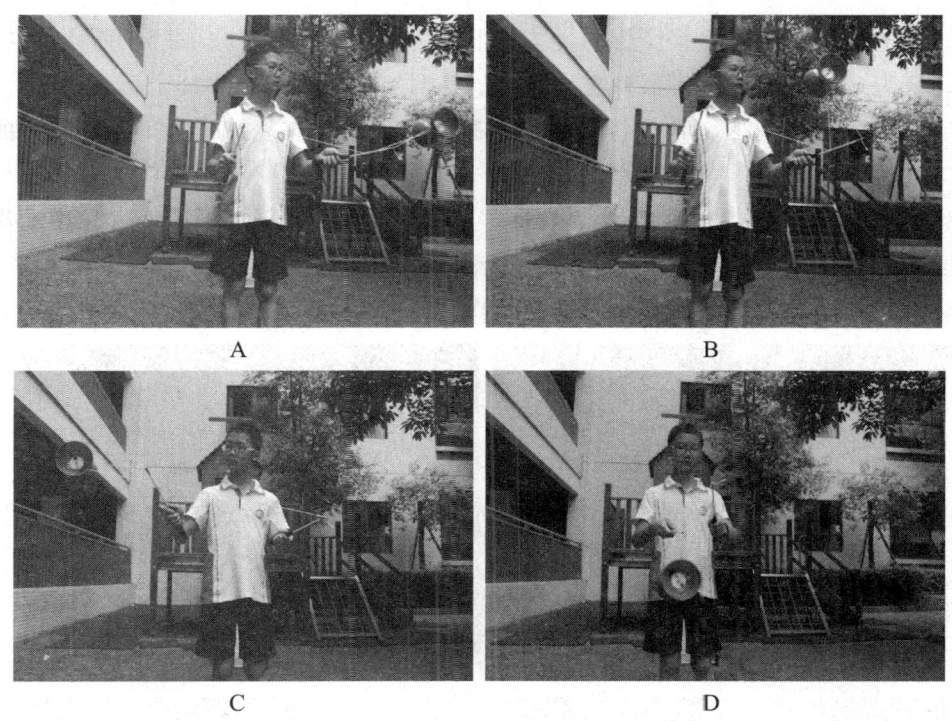

图 10

（四）学习评价

学生能动作优美，完整做到 5 个以上左右翻花。

（五）教学建议

左右翻花时，空竹杆必须保持平衡，线必须在杆上。

七、鲤鱼跃龙门

（一）动作名称

鲤鱼跳龙门。有的地方又称"二龙戏珠""黄瓜架""彩蝶纷飞""月居天门"等。此招式的关键就是进行绳位的调整。

（二）动作重难点

重点：启动空竹并使之高速旋转。

难点：成为"凶"字形，将两杆垂直竖起。

（三）动作要领及图解

（1）启动空竹并使之高速旋转。

（2）调整空竹至身前下方，发音轮朝外。

（3）右手杆头从左手绳下穿过，左手杆头从右手绳下穿过，两手用力向外撑紧抖绳，成为"凶"字形，将两杆垂直竖起。这时空竹在下边的横绳上运转。

（4）双手同时向上，将空竹带起脱出横绳，落下时应落到"凶"字形上面的两绳交叉处。

（5）再次将空竹向上弹起落到"凶"字形的上面。反复三次后即可转换动作。在转换时一是将两个杆头朝下，这时空竹反转，必须把空竹抛起做捞月状收住空竹；二是将空竹直接抛起，向右转身做捞月动作。（如图11）

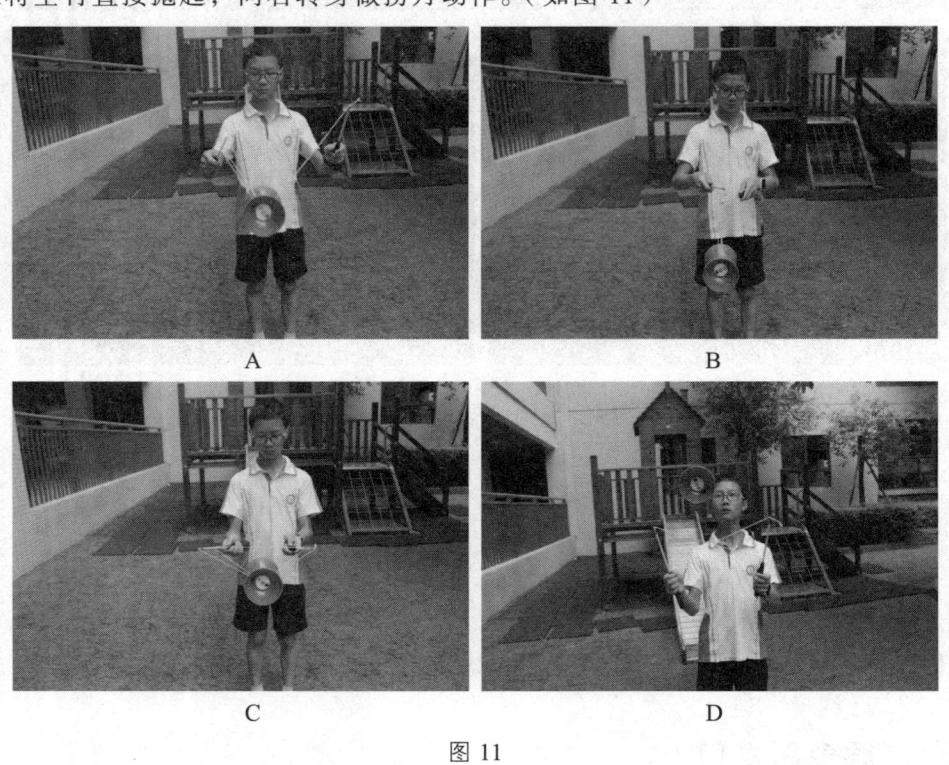

图 11

（四）学习评价

动作正确，成功率高，空竹控制合理，能独立完成此动作。

（五）教学建议

建议教师先复习上节课翻花技术动作再进行教学。

八、公平秤

（一）动作名称

公平秤，又称垂帘悬珠。

（二）动作重难点

重点：抖转空竹使之高速旋转。

难点：在形成的三角形中运转。

（三）动作要领及图解

（1）抖转空竹使之高速旋转。

（2）调整空竹于身前下方，左手杆在外，杆头向右平伸，右手杆在里，杆头向左平伸，两杆成为平行状态。

（3）右手杆持平上提，经左手杆向外下引，右手绳搭在左手杆上。当右手杆下引至左手杆与空竹中间时停止。

（4）左手杆向外过右手杆向下，经发音轮将杆放至主绳槽下，左手离开左手杆手柄，空竹在左手杆端头与绳构成的三角形中运转。

（5）当空竹转速缓慢后，左手重新握杆，右手向上将空竹带起脱绳做捞月状收住空竹。（如图 12）

图 12

（四）学习评价

学生能够独立完成公平秤技术动作 8 个，小组合作展示。

（五）教学建议

教师示范、讲解，分小组练习。

九、猴子翻筋斗

（一）动作名称

猴子翻筋斗。

（二）动作重难点

重点：空竹抛出时，空竹杆平行相对。
难点：空竹保持平衡。

（三）动作要领及图解

（1）空竹启动加速，解扣。
（2）身体转向左边，右手将空竹杆提拉，从左手空竹杆缠绕空竹一圈，双杆平行，左手将空竹向外抛出。（如图13）

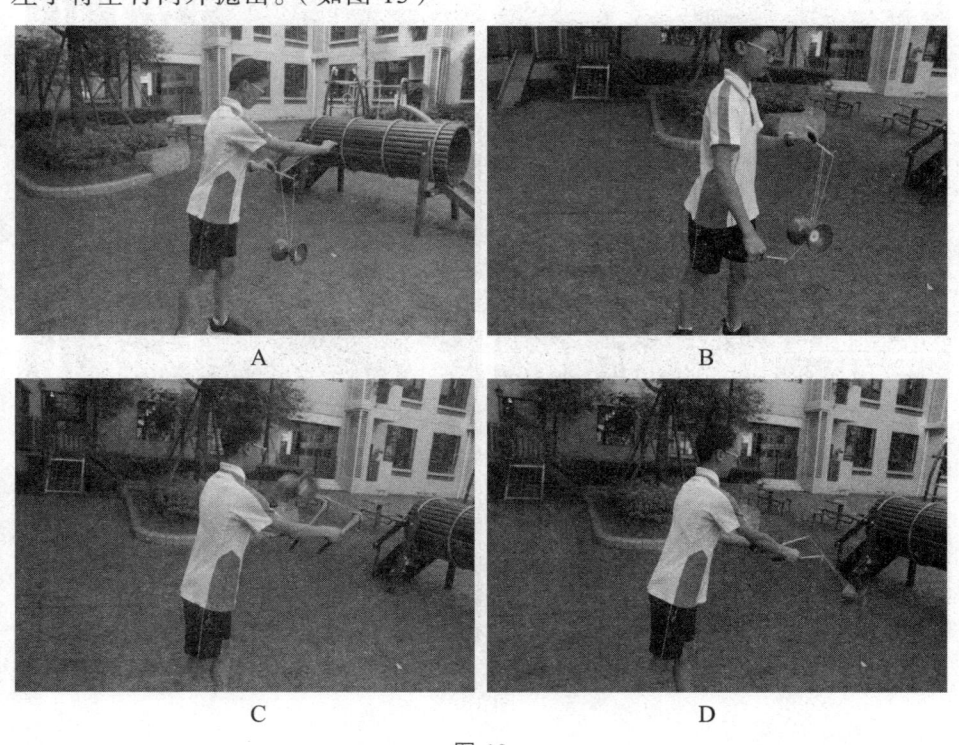

图 13

（四）学习评价

能连贯完整做出该动作，分清绕绳顺序。

（五）教学建议

动作分解教学，提醒学生身体向左转。

十、火炬

（一）动作名称

火炬。

（二）动作重难点

重点：抓线时线绷紧。
难点：上举后空竹不下滑。

（三）动作要领及图解

将空竹加转稳速，摘扣，用杆带绳将空竹逆时针方向环摆一圈，此时绳子成交叉状。将空竹移至右杆杆头，杆头朝下垂直地面，拉紧绳子，右手抓线，顺着空竹向右逆时针举起，停1~2秒。随后顺着空竹顺时针放下，右手松绳，抬起右手两杆平行，用杆带绳将空竹顺时针方向环摆一圈，回到准备动作。(如图14)

A

B

C

D

图 14

（四）学习评价

学生能做到一个完整的技术动作，动作协调优美。

（五）教学建议

教师分解动作练习。

十一、抬头望月

（一）动作名称

抬头望月。

（二）动作重难点

重点：右手推动空竹并放开空竹杆，与左手拉动空竹做立圆运动的动作技术。
难点：左右手的协调配合。

（三）动作要领及图解

（1）启动空竹后加速，待空竹转速升高后解扣。
（2）先做左望月，再做右望月。
（3）在右望月完成的同时，右手推动空竹向左边移动。
（4）左手拉直抖绳，右手松开右空竹杆，空竹由上向下。
（5）左手按顺时针方向摇转，带动空竹在身前做立圆运动。
（6）结束时右手向上，等脱手的右手杆到达右上部时，接住抖杆手柄。
（7）空竹垂下，调好右手握杆的位置抖转空竹。（如图15）

A　　　　　　　　　　　　B

| C | D |

图 15

（四）学习评价

动作力度合适，完成抬头望月的完整动作，完成左右手望月 5 个动作。

（五）教学建议

（1）让学生多感受左手拉扯空竹做立圆运动的感觉，注意控制空竹拉扯力度。
（2）教学多使用前后站位，避免空竹脱离后造成伤害。

十二、二仙过道

（一）动作名称

二仙过道。

（二）动作重难点

重点：双膝微屈，身体稍前倾，两手前撑，接住空竹时杆端放低些。
难点：左右手的协调配合。

（三）动作要领

（1）启动加速成开线。
（2）跨过线后身体左转 90°。
（3）双膝微屈，左手往右上拉起空竹，右杆端线的中间对准空竹轴心接住空竹。
（4）右杆端线接到空竹后，双膝微屈，右手往左上拉起空竹，左杆接法同右棍。

（四）学习评价

学生手脚协调地完成动作，动作优美。

（五）教学建议

让学生多感受空竹弹动的过程。

第二节　水平二

一、金手指

（一）动作名称

金手指。

（二）动作重难点

重点：空竹能平稳置于手指。

难点：手指与空竹轴保持垂直姿态。

（三）动作要领及图解

（1）启动加速后，成开线。

（2）身体左转，对正空竹轴。

（3）右杆交于左手，左手大拇指置于两杆之间，两杆成"V"字形，杆端翘高。

（4）并拢右手食指和中指，将空竹轴置于食指上。（如图16-A、图16-B）（另一种方式是将空竹轴置于两指指尖的凹隙处，如图17-A、图17-B）

A

B

图16

 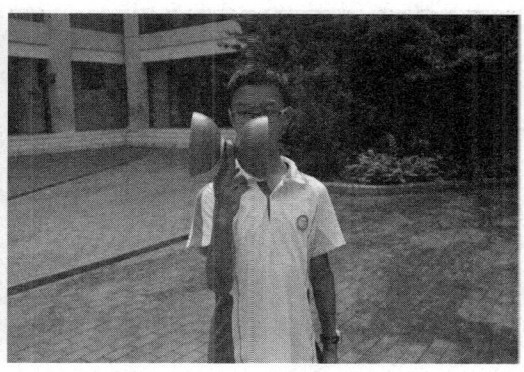

| A | B |

图 17

（四）学习评价

两种方式能做到平稳。

（五）教学建议

先将空竹置于两手指上（间），掌握好平衡再加上空竹线练习。

二、叠棉被

（一）动作名称

叠棉被。

（二）动作重难点

重点：线接住空竹。

难点：两个空竹杆保持平行一致。

（三）动作要领及图解

（1）启动加速后，成开线，对正空竹面，右杆接近空竹。

（2）左手高，右手低，右杆靠于左线三分之一处。

（3）右杆压左线逆时针摆荡，空竹就叠于线上，连续两次。

（4）左手也是连续叠两次。（如图 18）

A　　　　　　　　　　　　　B

图 18

（四）学习评价

左右空竹杆缠绕 2 次空竹不掉落。

（五）教学建议

先复习左右翻花，再练习。

三、捞月

（一）动作名称

捞月，又称"大鹏展翅"。

（二）动作重、难点

重点：双手左高右低，将线拉直，接住空竹同时杆头向下。

难点：连续抛接时，杆头向下接住空竹。

（三）动作要领及图解

（1）启动空竹做加速动作。

（2）抖绳解扣后身体左转 90°，使空竹轴与身体平行。这时应保证左手杆绳在外，右手杆绳在里。

（3）右手向上，左手向下将空竹提起脱绳。

（4）左手杆由后向上，右手杆由前向下移动，使绳子上下拉直。当空竹开始下落时，右手杆也随着空竹同时下移。

（5）空竹下落到膝盖高度时将空竹捞住。（如图 19）

图 19

（四）学习评价

初学者能动作连贯地完成大鹏展翅的动作，空竹控制合理。

（五）教学建议

（1）捞月时线与空竹的轴必须垂直。
（2）在右手线接空竹，空竹始终上下运动。

四、风火轮

（一）动作名称

风火轮。

（二）动作重难点

重点：空竹线始终缠绕空竹。
难点：空竹线绕着空竹连续绕动。

（三）动作要领及图解

（1）启动空竹做加速动作后身体左转 90°，使空竹轴与身体平行。

（2）左手提高在前，杆端朝前，右手放低靠近身体，使空竹靠近右杆端线。

（3）将空竹往内荡，右手顺势提推向前，空竹则呈圆形绕动。

（4）左手不动，每当空竹荡到接近身体时，右手提推向前，提推过程中完成加速。（如图20）

图 20

（四）学习评价

学生能做到完整的技术动作，动作协调优美。

（五）教学建议

此动作和大鹏展翅不同的地方是风火轮右手向前推，线要一直绕在空竹轴心，而大鹏展翅右手向上拉，空竹要离线。

五、反抄

（一）动作名称

反抄。

（二）动作重难点

重点：抛起后空竹线由上向下去压接住空竹。

难点：空竹线围绕空竹整体时的动作要迅速、准确。

（三）动作要领及图解

右手：将空竹加速到一定转速时，摘扣，再将两臂伸展开，左手略高，右手略低。此时空竹停留在接近右杆头的绳上，然后右手用力向右上方扯动，使空竹弹起，这时迅速将线拉直，用右手杆头部的线绳对正空竹的轴心从上往下（如图21-B），往左抄着空竹，此过程称为反抄，而后将空竹从缝中抛出接住（如图21-D）。

左手：和右手动作相同，方向相反。

图 21

（四）学习评价

左右手反抄动作切换流畅优美。

（五）教学建议

（1）教师分解动作教学。

（2）慢动作让学生直观看到动作变化。

六、平沙落雁

（一）动作名称

平沙落雁。

这是双轮技法中的基本技法，也叫正抄，可体现双轮的绝妙之处。

（二）动作重难点

重点：抛起后空竹线，从里向外绕过空竹后接住空竹。
难点：空竹线围绕空竹整体时的动作要迅速、准确。

（三）动作要领及图解

（1）启动空竹并加速后，右手放低，左手稍高，将空竹调到右手杆处。
（2）右手将空竹向上挑出，空竹离绳后，抖绳从空竹的里侧向上弹起。
（3）待空竹落下时，右手绳从空竹的前边向下去接住空竹。
（4）空竹落在绳上后，再重复上述动作。（如图22）

图 22

（四）学习评价

学生能动作熟练地完成 5 个平沙落雁动作。

（五）教学建议

教学中使用静止的空竹演示，能更直观地展示空竹线的行走路线，对不熟悉的同学可以进行手把手的体验教学。

七、摇辘轳

（一）动作名称

摇辘轳。

（二）动作重难点

重点：身体侧转，空竹杆保持平衡。
难点：左右手协调用力。

（三）动作要领及图解

摇辘轳先右反抄，抄住横杆要记牢。左杆伸到空竹前，从左向右把杆摇。手杆围着空竹绕，空竹中间上下跳。抽出左杆做左摆，摆后横杆最重要。右杆伸到空竹前，从右向左把杆摇。摇玩双杆奇直立，黄瓜架把空竹套。杆头里倾挑空竹，交叉点上见分晓。（如图 23）

（四）学习评价

能空竹不掉落地完整做 5 个。

（五）教学建议

教师分解动作教学。

A

B

　　C　　　　　　　　　D

图 23

八、左右绕花线和收势绕花线

(一) 左右绕花线

1. 动作重难点

重点：右杆线从左杆前由上向里绕下（第一圈）。
难点：两圈线绳立即脱离左杆。

2. 动作要领及图解

左花线：先将空竹抖出一定转速，摘扣，将左手杆横在胸前，右杆线从左杆前由上向里绕下（第一圈）；再从左向右兜住轴向上拉起，从里侧向外绕过左杆然后下拉右杆线（第二圈）；再从右下方向左兜住轴向上拉起，此时左手杆头低垂，两圈线绳立即脱离左杆，恢复无扣状态（有的地方称之为"下面条"）。（如图24）

做绕花线时，身体稍转向右前方，右手杆随着向右方伸出横在胸前。

右绕花线：所有动作程序与左绕花线对称。

　　A　　　　　　　　　B

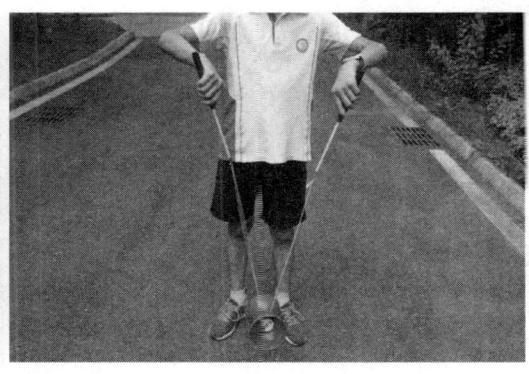

C　　　　　　　　　　　　　　D

图 24

（二）收势绕花线

1. 动作要领：分三圈

第一圈：右手杆同时横于胸前，左手线从里绕右手杆，再从空竹右侧绕空竹。

第二圈：左手线继续从右手杆外侧向里绕，再从空竹的左侧绕空竹。

第三圈：同第二圈，但是绕完空竹后，左手沿空竹槽横于胸前，杆尾和右手杆尾相交在一点，同时松左手、右手两杆，最后，左手迅速捏住空竹轮，让空竹静止。

2. 注意事项

（1）空竹转速要保证。

（2）绕线必须迅速，通过反复的练习，熟练动作。

（3）最后空竹要落在右手杆上，右手杆基本是横放于胸前，左手握住两手杆。

3. 学习评价

学生熟记每个步骤，独立完成绕花线动作。

4. 教学建议

讲解、完整示范。做绕花线时，身体稍转向右前方，右手杆接着向右方伸出，横在胸前。

九、金龙绕腿

（一）动作名称

金龙绕腿，又称腿串。

（二）动作重难点

动作重点：空竹与腿之间的距离，两空竹杆保持平衡。

动作难点：左右手协调配合。

（三）动作要领及图解

（1）加速后解扣。

（2）右腿或左腿上线后，左右手顺势（尤其是左手）往右上方发力，让空竹从左绕过腿往右转。

（3）若要继续绕腿，右手顺势向左下方用力，然后左右手协调配合。

注意：

（1）在做绕腿的时候，姿态非常关键，要求腿伸直、脚面绷直。

（2）若想让绕腿圆滑，减少失误，两手杆要离得相对进一些。但是这样会影响绕腿的节奏。总之，两手协调配合是空竹绕腿的关键。（如图25）

图 25

（四）学习评价

做动作时，空竹能圆滑地完成绕腿动作。

（五）教学建议

先进行金龙绕腿的分解教学，然后将两个动作连起来。

十、金龙绕臂

（一）动作名称

金龙绕臂，又称手串。

（二）动作重难点

重点：将绳子挂在左手小臂位置，空竹中轴对齐杆和线。
难点：左右手协调用力，控制线和手的距离。

（三）动作要领及图解

（1）启动空竹后做加速动作。
（2）待空竹运转平稳后，将空竹沉于下方，左小臂向上弯起，把抖绳调于左手臂的下方。
（3）左手杆头朝向左上方，左手臂由左向右做圆周运动，右手由右向左带着空竹向左运行，空竹沿绳向上。
（4）空竹随着惯性作用，脱离左手绳。
（5）右手拉直抖绳，让空竹落于绳上。
（6）空竹落于绳上后，使空竹在左手臂来回跳转三圈，左手臂退出。
（7）左手臂做完后，按上面的操作做右臂。（如图26）

图26

（四）学习评价

动作连贯，人与空竹能协调配合，完成 5 个以上。

（五）教学建议

先将左手下压让杆头靠近右绳，让空竹不容易掉下来。先一个一个地完成，熟练之后再连起来。

十一、霸王鞭

（一）动作名称

霸王鞭。

（二）动作重难点

重点：将杆头分开，抛空竹时右手用力往下拉。

难点：鞭打空竹的时机和高度。

（三）动作要领及图解

（1）启动空竹并加速。

（2）待空竹转速升高后解扣，右手立即从空竹的下方由右向左，并随势将抖绳由左杆的外侧搭至左手杆上。

（3）搭到左手杆后右手向下引绳，到达空竹的下端后，右边绳从空竹的前边过轴向后。

（4）左手杆递到右手中，右手向上将空竹脱出升空。

（5）右手由上向下甩动抖绳，在空中将空竹套住。（如图 27）

（四）学习评价

能完整地做完动作并接住空竹。

A　　　　　　　　　　　　B

C D

E F

图 27

（五）教学建议

先进行手抛空竹，然后抖绳套空竹练习。

十二、金龙摆渡

（一）动作名称

金龙摆渡，又称"脚绕一百八"。

（二）动作重难点

动作重点：空竹与腿之间的距离，两空竹杆间的平衡。
动作难点：手脚的协调配合。

（三）动作要领及图解

（1）加速后解扣，做金龙绕腿的动作。

（2）空竹从腿下线上滑向左边时向上提拉的同时向左旋转180°，然后右手接住空竹。

（3）若要继续做动作，绕腿旋转，右手顺势向左下方用力。身体旋转，左右手协调配合。（如图28）

（四）学习评价

身体旋转及时，接空竹的角度合适，完成此动作成功率高。

A

B

C

D

图28

（五）教学建议

（1）先熟悉金龙绕腿的动作，再徒手做旋转接空竹的动作。

（2）若想让金龙摆动圆滑，减少失误，两手杆要离得相对近一些。但是这样会影响绕腿的节奏。总之，两手协调的配合是空竹绕腿的关键。

第三节 水平三

一、抛高转身

（一）动作名称

抛高转身。

（二）动作重难点

重点：身体旋转重心，预判空竹位置。
难点：身体协调平衡。

（三）动作基本要领及图解

（1）空竹抛高后，要预判其空间位置，同时转身。
（2）转身时右手保持抬高，眼睛不要一直盯着空竹。（如图29）

A

B

C

D

图 29

（四）学习评价

学生转身后能平稳接住空竹，并做到左右旋转。

（五）教学建议

先练习转身，等熟练后再加上抛高。

二、抛高跳绳

（一）动作名称

抛高跳绳。

（二）动作重难点

重点：抛起空竹后做跳绳动作再接空竹。

难点：抛接空竹与跳绳动作的协调配合。

（三）动作要领及图解

这个花样技巧就是身体向上跳起，去接住下落的空竹，具体其操作方法为：

（1）启动空竹后加速。

（2）空竹运转平稳后解扣，两手向左右两边拉直抖绳，空竹脱绳向上。

（3）双手抖动抖绳，身体向上跳起，抖绳右前向后从两脚下通过。

（4）右手杆向上，左手杆放低，使抖绳变成倾斜状，让空竹落于绳上即可。

在进行（3）（4）操作时，可以连续跳起 2~3 次再接住空竹，也可以在第一次抛起时跳 1 次，在第二次抛起时跳 2 次，第三次抛起时跳 3 次。（如图 30）

（四）学习评价

学生做动作时，动作连贯、流畅。

A

B

　　C　　　　　　　　　　　　D

图 30

（五）教学建议

　　教授这一花式动作时，先练习使用控制杆线的跳绳动作，然后再配合抛接动作。练习中注意学生抛接空竹的稳定性与练习间隔。

三、前抛后接

（一）动作名称

　　前抛后接。

（二）动作重难点

　　重点：抛起空竹超过头顶并往右侧稍偏，接空竹时双手放在腰的高度。
　　难点：接到空竹后，空竹从后往前经过头顶回到体前。

（三）动作要领及图解

　　（1）启动空竹后做加速动作，转速提高后解扣，使空竹垂于身前下方。
　　（2）双手向上并向两边拉紧空竹绳，空竹在抖绳的张力下弹起向上。
　　（3）左右两杆高举向上，杆头均向身后，并形成右高左低的倾斜状，使空竹落于抖绳上。
　　（4）空竹落到绳上后沿绳由右向左，到达身体左后侧。
　　（5）右手拉着空竹从身体左侧过顶到身前。（如图 31）

图 31

（四）学习评价

学生分清接空竹的方向，完成动作连贯、优美。

（五）教学建议

首先进行前抛的练习，需要将空竹抛到固定的范围，然后进行后接的练习，需要把握好线的位置和高度，最后将空竹绕到体前。

四、单杆飞险

（一）动作名称

单杆飞险。

（二）动作重难点

动作重点：空竹杆由右手送出去。

动作难点：接空竹杆的时机。

（三）动作要领及图解

（1）空竹启动加速后成开线。

（2）先做抬头望月动作，停留一下。

（3）带冲过左脚时，左手顺势往右上拉。

（4）接杆时，右手臂弯曲，四指并拢和大拇指分开，置于右眼前接杆。（如图32）

> 注意，右手不要着急去抓空竹棍！

图 32

（四）学习评价

动作舒展，能准确接住空竹杆。

（五）教学建议

前期可以练习单手左右摆动空竹。注意左手动作，左手画半圆。

五、大撒把

（一）动作名称

大撒把。

（二）动作重难点

重点：右手推动空竹并放开空竹杆与左手拉动空竹做立圆运动的动作技术。
难点：左右手的协调配合。

（三）动作要领及图解

（1）启动空竹后加速，待空竹转速升高后解扣。
（2）先做左望月，再做右望月。
（3）在右望月完成的同时，右手推动空竹向左边移动。
（4）左手拉直抖绳，右手松开右空竹杆，空竹由上向下。
（5）左手按顺时针方向摇转，带动空竹在身前做立圆运动。（如图33）

A

B

C

D

图 33

（6）结束时右手向上，等脱手的右手杆到达右上部时，接住抖杆手柄。

（7）空竹垂下，调好右手握杆的位置抖转空竹。

（四）学习评价

学生能做到动作连贯，控制好空竹，不脱手。

（五）教学建议

让学生多感受左手拉扯空竹做立圆运动的感觉，注意空竹拉扯力度。
教学多使用前后站位，避免空竹脱离后造成伤害。

六、八仙过海

（一）动作名称

八仙过海。

（二）动作重难点

重点：空竹线绕过脖子，空竹来回弹跳。
难点：左右手协调配合。

（三）动作要领及图解

（1）空竹启动加速后，成开线，右手高。
（2）身体左转对正轴心。
（3）右线由左侧绕过脖子，两棍对齐，棍端朝上，两端稍稍拉紧。
（4）两手交替上下弹起空竹，空竹在两线间来回跳动。（如图34）

（四）学习评价

空竹远离脸部，弹跳空竹，动作连贯完成6个以上。

A

B

C　　　　　　　　　　　　　D
图 34

（五）教学建议

两线不可绷得过紧，否则空竹容易沿空竹绳滑向脸部。

七、左右开弓

（一）动作名称

左右开弓。

（二）动作重难点

重点：抛起后空竹线由上向下去压接住空竹。
难点：空竹线围绕空竹整体时的动作要迅速、准确。

（三）动作要领及图解

（1）空竹启动加速后，成开线，左手高，右手低，右杆接近空竹。

（2）右手弹起空竹，右棍右上往下顺时针勾住空竹轴心。

（3）右棍沿空竹面逆时针离开空竹，右手举高。

（4）空竹在空中时，左棍对准空竹轴心，接空竹方法如同右棍。这样左右循环连续完成。

（5）不做时，一手将空竹略往上勾，另一手平接即可。（如图35）

（四）学习评价

学生做动作时，左右手协调配合完成动作。

（五）教学建议

刚学左右开弓时，练一次就停一次。熟练后，可以连续。

A

B

C

D

图 35

八、绕脚左右弹跳

（一）动作名称

绕脚左右弹跳。

（二）动作重难点

重点：空竹在大腿上方左右来回弹跳。
难点：左右手协调配合。

（三）动作要领

（1）空竹启动加速后，成开线，对正空竹面。
（2）先做金龙绕腿动作。
（3）带右线接到空竹时，将其放低缓冲，随即经由大腿上方将其弹往左边。

（4）右线接到空竹也是放低缓冲，随机将空竹弹回右边，空竹就在两线间跳来跳去，空竹跳起的高度不要超过肩膀。

（四）学习评价

空竹迅速调整，左右弹跳高度合适，动作完成度高。

（五）教学建议

分解动作练习，先练习金龙绕腿动作。

九、左右骗马

（一）动作名称

左右骗马。

（二）动作重难点

重点：腿下抛的动作。

难点：从腿下抛起空竹时，接空竹动作要迅速、准确。

（三）动作要领及图解

（1）空竹启动加速后，成开线，左手高，右手低，右杆接近空竹。
（2）在左右开弓动作的基础上，加上单腿抬高及穿裆要求。
（3）右腿抬高时，膝盖往身体方向屈收，待右杆穿过膝盖下方后，弹出空竹。
（4）右腿保持抬高，左线接住空竹，再将其经腿下方弹回右线，如此反复进行。（如图36）

（四）学习评价

能完整地做好动作，准确掌握空竹的稳定性。

A　　　　　　　　　　B

C　　　　　　　　　　　　　D

E　　　　　　　　　　　　　F

图 36

（五）教学建议

先复习左右开弓动作，再加上腿的动作，熟练后再练习左右骗马。

十、左右逢源

（一）动作名称

左右逢源。

（二）动作重难点

重点：身体不动，两杆平行。
难点：动作频率快，双手之间的配合度高。

（三）动作要领

（1）两棍靠近、平行对齐，双手同时以逆时针方向绕过空竹一圈。
（2）双手即将绕满一圈时，双手再以顺时针方向绕回原位。

（3）如此连续，频率稍快一些，即可做出完整动作。

（四）学习评价

完成此动作频率快，动作协调。

（五）教学建议

初学时空竹的位置尽量保持不动，只有手动。

十一、一线二空竹的启动法

（一）动作名称

一线二空竹的启动法。

（二）动作重难点

重点：左手提拉，右手往下送。
难点：控制空竹方向和平衡。

（三）动作要领及图解

（1）将一个空竹放入绳套之中抖转后解扣，然后左手持双杆。

（2）右手拿起另一个空竹，并由前向后放入绳套，使其靠在右手抖绳的边上。

（3）然后将空竹绕绳一周，使空竹轴上的绳扣形成交叉扣，右手松开空竹，接过抖杆，空竹悬挂在右手抖绳上。

（4）右手上、下拉动几下抖绳，使先前挂在绳套上的空竹转速提高，然后右手向右拉动抖绳，挂在绳套上的第一个空竹弹起，面悬挂在右手绳上的空竹顺势解扣。

（5）两手向外打开，让弹起的空竹落到右边绳上，然后右手向下送，左手向上提，使两个空竹在绳套中旋转。（如图37）

A

B

C　　　　　　　　　　　　　　　D

图 37

（四）学习评价

学生能动作连贯地完成一线二空竹的启动，动作协调。

（五）教学建议

分解教学，先将一个空竹上扣置于绳的右边，用右手快速提拉加速，加好速之后解扣，同时把空竹往左手送，然后左手将空竹抛向右手。

十二、一线二空竹的抖法

（一）动作名称

一线二空竹的抖法。

（二）动作重难点

重点：左手上提，右手下送。

难点：控制空竹方向和平衡。

（三）动作要领及图解

（1）启动空竹后，两个空竹的位置基本上是在对立的两个面上。当两个空竹为横向时，左右两边绳上各有一个空竹。两个空竹处在上下位置时，则下边的空竹在绳上，上边的空竹在两绳之间悬空。

（2）根据上面的空竹位置，你对一线二空竹的运行原理可能知道一些了。这些位置也就决定了一线二空竹的抖法。在抖一线二空竹时，不能采用一线一空竹的抖法，因为一线一空竹完全是靠右手臂的一上一下来完成的。而在抖一线二空竹时，则是左手向上将空竹提起，然后空竹再由左向右飞到右边绳的边缘，这样右手就要向下送。这样左手上提，右手下送，空竹就会从右边绳沿绳向下，再由左边绳下

沿绳向上，然后左手将空行提起到右边绳上，再进行下一轮的循环。（如图38）

A

B

C

D

图 38

（四）学习评价

学生能动作连贯地完成一线二空竹的提拉，动作协调，能很好地控制空竹的平衡。

（五）教学建议

开始练习时可以右手不动，只用左手提拉空竹。

十三、一线二空竹的加速与调整

（一）动作名称

一线二空竹的加速与调整。

（二）动作重难点

重点：左手上提，右手下送。
难点：控制空竹方向和平衡。

（三）动作要领及图解

1. 加速的方法

（1）一线二空竹启动后，先按正常抖法进行抖动。

（2）待左侧的空竹将要弹起时，右手抖绳从空竹的左方向下套住空竹，然后向右侧甩去，也就是给空竹轴上加了一绳扣。

（3）被拉起的空竹到达右上方时，所加的绳扣解除。

（4）右手抖绳再重复（2）（3）的操作，把弹起的空竹套住、解扣，这样空竹的转速就得到了提高。

2. 调整的方法

（1）高低的调整

在两个空竹中有一个空竹发生高低不平时，要对这一空竹进行调整。调整时，应用右手杆横着向前，在高起的轮面上轻压一下，迫使高起的一端向下。

（2）倾斜的调整

如果在一线二空竹中某个空竹的端面产生倾斜，应用右手杆头稍稍点压一下倾斜的轮面里侧，空竹就会恢复到正常位置。

A

B

C

D

图 39

（四）学习评价

学生能独立完成一线二空竹的加速与调整。

（五）教学建议

分步骤练习，加速过程勿急躁。

第四章　空竹游戏、套路

第一节 空竹游戏

一、双人空竹游戏

1. 两人对抛一个空竹

A、B二人面向同一个方向相距3米左右站在同一条线上。右方的A将有一定转速的空竹停稳，右手杆高，左手杆低，抖线形成一个45°～75°的夹角，将空竹向左方的B抛出。B左手杆高、右手杆低地把抖线拉直（方向应与二人站位连线平行），将空竹接住，然后B再将空竹传给A。这样可反复进行数次，在转速允许的情况下还可以加入一些花样技巧互相传递，更富有观赏性。

2. 两人对传两个空竹

A、B二人按1的要求站好，各抖一个空竹，调整好空竹的角度。待二人同时将空竹停稳后，A左手杆低、右手杆高，抖线夹角为45°～75°。B右手杆低、左手杆高，抖线夹角亦成45°～75°。二人同时将空竹抛出，并互相接住对方传来的空竹B做此动作时，二人抛出空竹不能相撞，要求一个高抛、一个低抛。这样可以反复进行，在转速允许的情况下也可以加入多种花样技巧。

3. 一空竹绕脚对抛

A、B两人站在同一条线上，A抖动空竹，做金龙绕腿的动作。待空竹从下方滑到左上方，顺势将空竹送给B。B右线接住空竹滑向腿下方到左边，顺势将空竹送给A。此过程反复进行，A右手低，左手高；B右手高，左手低。

二、多人空竹游戏

1."大过桥"（四人传一个空竹）

A、B、C、D四个人站成一排，间隔一臂距离。待A将空竹加速到一定转速时，摘扣，把空竹滑到左杆头处，高举双臂，撑直抖线，右手杆逐渐放低，使空竹滚向右边。此时，B把抖线撑直，双手高举，左手杆插在A的右手杆内侧，上举托起空竹。B按A动作再把空竹传递给C，C再传给D。D接过空竹快速抛给A，整个过程结束。可以反复进行。

2. 两人一空竹绕脚对抛

A、B两人相隔站在同一条线上,A抖动空竹,做金龙绕腿的动作,待空竹从下方滑到左上方,顺势将空竹送给B。B右线接住空竹滑向腿下方到左边,顺势将空竹送给A。此过程反复进行,A右手低,左手高;B右手高,左手低。

第二节 小套路

第一部分动作组成:左右加速、自抛自接、上杆、绕腿、收势。

第二部分动作组成:左右加速、上下加速、转扯加速、上杆、自抛自接、斜股线、大鹏展翅、望月、上线、左右回旋、绕腿、绕臂、二人配合抖空竹、互抛、盘丝、呼啦圈等。

附　录

附录一 一年级上册空竹教学计划

课时	学习内容	技能学习目标	动作重难点	学习评价
1	空竹的启动方法、空竹的上扣解扣及加速	学生能够独立完成空竹的抖动和加速动作	手持空竹杆的位置,呈"八"字提拉空竹	学生能够自己独立学会滚动提拉启动法及定位手旋启动法;学生能够独立连贯完成空竹的上扣解扣及加速动作
1	空竹的平衡方法	空竹在抖动旋转过程中学生能够及时调整掌握平衡	右手绳向前轮靠并提拉线绳;前后轮平衡后,随即双手杆头对齐继续抖动	空竹在抖动旋转过程中学生能够及时调整掌握平衡
1	空竹的方向调整	在抖动空竹时,空竹发生方向偏移现象,学生能够灵活调整	左手高举杆把线绳拉紧;稍倾斜的右杆头轻轻地触动空竹的后轮	在抖动空竹动作时应面向固定的方向,学生能够学会2种空竹的方向调整
1	左右横摆	学生基本学会左右横摆动作,杆头对齐,空竹左右摆动圆滑	两个杆头要对齐,杆头轴心一条线;做摆不能甩,右手拉线做引带	学生能够熟练做出花样技法左右横摆的动作10个
1	左右回环	学生基本上学会左右回环的技术动作,保持空竹在一个面上运动	做左右回环时,以空竹杆头为圆心;逆时针画圆为左回环,顺时针画圆为右回环	学生能完成空竹技法左右回环10个
3	高山流水	学生基本掌握此动作,手脚动作协调一致	空竹杆头为圆心向左逆时针做一个大回环;右手从空竹的前下方绕时右手杆不要碰到空竹	动作连贯,准确完成高山流水动作,空竹控制合理
2	抛高	学生理解并完成抛高动作,抛高的高度控制在2米左右	双杆头相对,使空竹下沉停稳;抖杆线绳向左右拉紧	学生在学习过程中能够完成20个抛高动作
2	考核	学生完成考核项目	空竹保持平衡	动作熟练准确,成功完成,人与空竹能协调配合
2	机动			

一年级上册空竹考核内容:抛高(30秒)

等级	优秀	良好	合格	不合格
分数	15个以上	6~10个	5个	5个以下

附录二 一年级下册空竹教学计划

课时	学习内容	技能学习目标	动作重难点	学习评价
2	复习	熟练之前所学技术动作	空竹的调整	动作舒展,上下肢协调配合
2	金鸡上架	知道金鸡上架的技术方法,并基本掌握动作	空竹转速稳,动作迅速;空竹杆保持平衡	上杆能很好控制平衡,并能完整地做好动作
4	左右翻花	熟练掌握左右翻花的基本技术动作,培养学生自主学习能力	线接住空竹;空竹摆绕的方向	学生能动作优美,完整做到5个以上左右翻花
4	鲤鱼跳龙门	基本掌握此动作技术,培养学生的灵敏协调性	启动空竹并使之高速旋转;成为"凶"字形,将两杆垂直竖起	动作正确,成功率高,空竹控制合理,能独立完成此动作
2	公平秤	学生在熟练掌握公平秤的技术动作后能进行展示	抖转空竹使之高速旋转;构成的三角形中运转	学生能够独立完成公平秤技术动作8个,并进行小组合作展示
2	考核	掌握考核内容	双手的协调配合,空竹的空竹	以较好的成绩完成测试
2	机动			

一年级下册空竹考核项目:鲤鱼跳龙门(30秒)

等级	优秀	良好	合格	不合格
分数	15个以上	6~10个	5个	5个以下

附录三 二年级上册空竹教学计划

课时	学习内容	技能学习目标	动作重难点	学习评价
2	复习	熟练之前所学技术动作	空竹的调整	动作舒展，上下肢协调配合
2	猴子翻筋斗	通过练习，使学生基本掌握该动作方法，发展学生的灵敏性、协调性	空竹抛出时，空竹杆平行相对；竹保持平衡	能连贯完整做出该动作，分清绕绳顺序
3	火炬	初步掌握"火炬"技术动作，发展学生的协调性、灵敏性等身体素质	抓线时线绷紧；上举后空竹不下滑	学生能做到完整的技术动作，动作协调优美
3	抬头望月	掌握好空竹停留的角度、力度，发展学生的协调性	右手推动空竹并放开空竹杆与左手拉动空竹做立圆运动的动作技术；左右手的协调配合	动作力度合适，完成抬头望月的完整动作，完成左右手望月5个动作
4	二仙过道	初步掌握二仙过道的技术动作	双膝微屈、身体稍前倾、两手前撑，接住空竹时杆端放低些；左右手的协调配合	手脚协调完成动作，动作优美
2	考核	学生完成考核项目	空竹保持平衡	动作熟练准确，成功完成，人与空竹能协调配合
2	机动			

二年级上册空竹考核内容：二仙过道

等级	优秀	良好	合格	不合格
考核标准	动作熟练准确，成功率高，人与空竹能协调配合	动作连贯，成功率尚可，空竹控制合理	动作准确，成功率低	动作不协调，不能很好地控制空竹，无法完成考核动作

附录四 二年级下册空竹教学计划

课时	学习内容	技能学习目标	动作重难点	学习评价
2	复习	熟练掌握以前所学动作	空竹的调整	动作舒展,上下肢协调配合
3	金手指	学生基本掌握金手指的两种技术动作,掌握好空竹停留的角度	空竹能平稳置于手指;身体与的协调配合	两种方式能做到平稳
2	叠棉被	复习左右翻花,熟悉并掌握叠棉被动作	空竹摆绕的方向	左右空竹杆缠绕2次,空竹不掉落
4	捞月	学生能够知道起劲后右手提左手跟的用力顺序,能够掌握空竹的方向	双手左高右低,将线拉直,接住空竹同时杆头向下;续抛接时,杆头向下接住空竹	初学者能动作连贯地完成捞月的动作,空竹控制合理
3	风火轮	学生理解并完成风火轮动作,能区分此动作与大鹏展翅的区别	空竹线始终缠绕空竹	学生能做出完整的技术动作,动作协调优美
2	考核	学生完成考核项目	空竹保持平衡	动作熟练准确,成功完成,人与空竹能协调配合
2	机动			

二年级下册空竹考核内容:大鹏展翅

等级	优秀	良好	合格	不合格
考核标准	动作熟练准确,成功率高,人与空竹能协调配合	动作连贯,成功率尚可,空竹控制合理	动作准确,成功率低	动作不协调,不能很好地控制空竹,无法完成考核动作

附录五 三年级上册空竹教学计划

课时	学习内容	技能学习目标	动作重难点	学习评价
2	复习	熟练掌握以前所学动作	空竹的调整	动作舒展，上下肢协调配合
3	反抄	学生基本上学会左右手反抄动作，培养学生的灵敏性	抛起后空竹线由上向下去压接住空竹，动作迅速、准确	左右手反抄动作切换流畅优美
3	平沙落雁	学生能积极参与学习，并能掌握基本动作	抛起后空竹线由上再向前边向下去接住空竹，动作要迅速、准确	学生能动作熟练地完成5个平沙落雁动作
4	摇辘轳	基本了解动作并认真练习，进而熟练掌握动作	身体侧转，空竹杆保持平衡；左、右手协调用力	能完整、空竹不掉落完成5个
2	左右绕花线	了解并熟悉左右绕花线的顺序	右杆线从左杆前从上向里绕下（第一圈）；两圈线绳立即脱离左杆	学生熟记每个步骤，独立完成绕花线动作
2	考核	学生完成考核项目	空竹保持平衡	动作熟练准确，成功完成，人与空竹能协调配合
2	机动			

三年级上册空竹考核内容：摇辘轳

等级	优秀	良好	合格	不合格
考核标准	动作熟练准确，成功率高，人与空竹能协调配合	动作连贯，成功率尚可，空竹控制合理	动作准确，成功率低	动作不协调，不能很好地控制空竹，无法完成考核动作

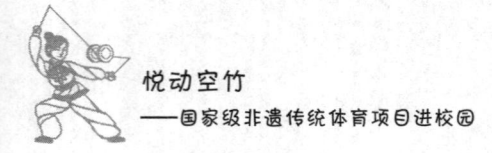

附录六　三年级下册空竹教学计划

课时	学习内容	技能学习目标	动作重难点	学习评价
3	复习	熟练掌握以前所学动作	空竹的调整	动作舒展，上下肢协调配合
3	收势绕花线	熟练掌握绕花线和收势绕花线动作，发展学生的协调性	绕线必须迅速	学生熟记每个步骤，独立完成收势绕花线动作
4	金龙绕腿	学生了解并熟练金龙绕腿动作，做到两手的协调配合	空竹与腿之间的距离，两空竹杆的平衡	做动作时，空竹能圆滑地完成绕腿动作。
4	金龙绕臂	学生基本掌握金龙绕臂动作，知道左手提拉的角度	左、右手协调用力，控制线和手的距离	动作连贯，人与空竹能协调配合，完成5个以上
2	考核	学生完成考核项目	空竹保持平衡	动作熟练准确，成功完成，人与空竹能协调配合
2	机动			

三年级下册空竹考核内容：金龙绕腿（1分钟）

等级	优秀	良好	合格	不合格
考核标准	20个以上	15～20个	10～14个	10个以下

附录七　四年级上册空竹教学计划

课时	学习内容	技能学习目标	动作重难点	学习评价
3	复习	熟练掌握以前所学动作	空竹的调整	动作舒展，上下肢协调配合
3	霸王鞭	初步学会霸王鞭的技术动作，并能掌握之前所学动作	将杆头分开，抛空竹时右手用力往下拉；鞭打空竹时机和高度	能完整地做完动作并接住空竹
4	金龙摆渡	熟练金龙摆渡的技术动作，身体旋转，左右手协调配合	空竹与腿之间的距离，两空竹杆的平衡	身体旋转及时，接空竹的角度合适，完成此动作成功率高
4	抛高转身	学生基本完成抛高转身的技术动作，姿态优美，发展学生的平衡能力	身体旋转重心，预判空竹位置；身体协调平衡	学生转身后能平稳接住空竹，并做到左右旋转
2	考核	学生完成考核项目	空竹保持平衡	动作熟练准确，成功完成，人与空竹能协调配合
2	机动			

四年级上册空竹考核内容：金龙摆渡

等级	优秀	良好	合格	不合格
考核标准	动作熟练准确，成功率高，人与空竹能协调配合	动作连贯，成功率尚可，空竹控制合理	动作准确，成功率低	动作不协调，不能很好地控制空竹，无法完成考核动作

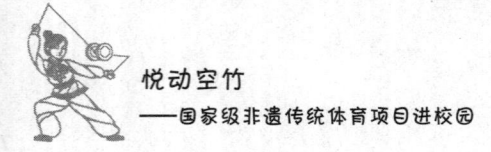

附录八　四年级下册空竹教学计划

课时	学习内容	技能学习目标	动作重难点	学习评价
3	复习	熟练掌握所学技术动作	空竹的调整	动作舒展，上下肢协调配合
4	抛高跳绳	学生在熟练掌握抛高跳绳的动作后，能连续跳起2~3次再接住空竹	抛起空竹后做跳绳动作再接空竹；抛接空竹与跳绳动作的协调配合	学生做动作时，动作连贯、流畅
4	前抛后接	学生熟练掌握技术动作，并发展学生的灵敏性	抛起空竹超过头顶并往右侧稍偏，接空竹时双手放在腰的高度	学生分清接空竹的方向，完成动作连贯、优美
3	单杆飞险	基本了解技术动作，复习望月动作，完成动作	空竹杆由右手送出去，把握接空竹杆的时机	动作舒展，能准确接住空竹杆
2	考核	学生完成考核项目	空竹保持平衡	动作熟练准确，成功完成，人与空竹能协调配合
2	机动			

四年级下册空竹考核内容：抛高跳绳（1分钟）

等级	优秀	良好	合格	不合格
考核标准	15个以上	10~14个	5~9个	5个以下

附录九 五年级上册空竹教学计划

课时	学习内容	技能学习目标	动作重难点	学习评价
3	复习	熟练之前所学技术动作	空竹的调整	动作舒展，上下肢协调配合
4	大撒把	单杆飞险的升级动作，能做到左右手的协调配合	右手推动空竹并放开空竹杆与左手拉动空竹做立圆运动的动作技术；左右手的协调配合	学生能做到动作连贯，控制好空竹，不脱手
3	八仙过海	复习二仙过道动作，使学生基本掌握八仙过海技术动作，空竹在两线上来回跳动	空竹线绕过脖子，空竹来回弹跳	空竹远离脸部，弹跳空竹，动作连贯完成6个以上
4	左右开弓	学生熟练掌握技术动作，左右手切换流畅	空竹在大腿上方左右来回弹跳	学生做动作时左右手协调配合完成动作
2	考核	学生完成考核项目	空竹保持平衡	动作熟练准确，成功完成，人与空竹能协调配合
2	机动			

四年级上册空竹考核内容：八仙过海

等级	优秀	良好	合格	不合格
考核标准	动作熟练准确,成功率高,人与空竹能协调配合	动作连贯,成功率尚可,空竹控制合理	动作准确,成功率低	动作不协调,不能很好地控制空竹,无法完成考核动作

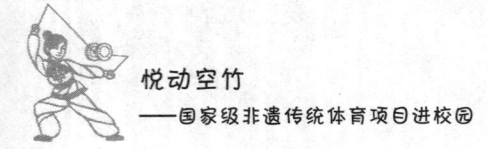

附录十　五年级下册空竹教学计划

课时	学习内容	技能学习目标	动作重难点	学习评价
2	复习	熟练之前所学技术动作	空竹的调整	动作舒展,上下肢协调配合
4	绕脚左右弹跳	复习金龙绕腿,并能熟练掌握绕脚左右弹跳,提高自己的运动能力	空竹在大腿上方左右来回弹跳	空竹迅速调整,左右弹跳高度合适,动作完成度高
4	左右骗马	复习反抄的技术动作基础上,学习左右骗马,并能熟练掌握动作	从腿下抛起空竹时,接空竹动作要迅速、准确	学生能完整地做好动作,准确掌握空竹的稳定性
4	左右逢源	学生初步掌握此技术动作,培养学生的灵敏性、协调性	身体不动,两杆平行;动作频率快,双手之间的配合度高	完成此动作频率快,动作协调
2	考核	学生完成考核项目	空竹保持平衡	动作熟练准确,成功完成,人与空竹能协调配合
2	机动			

五年级下册空竹考核内容：绕脚左右弹跳

等级	优秀	良好	合格	不合格
考核标准	动作熟练准确,成功率高,人与空竹能协调配合	动作连贯,成功率尚可,空竹控制合理	动作准确,成功率低	动作不协调,不能很好地控制空竹,无法完成考核动作

附录十一 六年级上册空竹教学计划

课时	学习内容	技能学习目标	动作重难点	学习评价
3	复习	熟练之前所学技术动作	空竹的调整	动作舒展，上下肢协调配合
4	一线二空竹的启动法	学习一线二空竹的启动，发展学生的思维力	左手提拉，右手往下送；控制空竹方向和平衡	学生能动作连贯地完成一线二空竹的启动，动作协调
4	一线二空竹的抖法	能控制空竹，完成一线二空竹的抖动	左手上提，右手下送；控制空竹方向和平衡	学生能动作连贯地完成一线二空竹的提拉，动作协调，能很好地控制空竹的平衡
3	一线二空竹的加速与调整	尝试对空竹的平衡调整并能做到加速控制	左手上提，右手下送；控制空竹方向和平衡	
2	考核	学生完成考核项目	空竹保持平衡	动作熟练准确，成功完成，人与空竹能协调配合
2	机动			

六年级上册空竹考核内容：前抛后接

等级	优秀	良好	合格	不合格
考核标准	动作熟练准确，成功率高，人与空竹能协调配合	动作连贯，成功率尚可，空竹控制合理	动作准确，成功率低	动作不协调，不能很好地控制空竹，无法完成考核动作

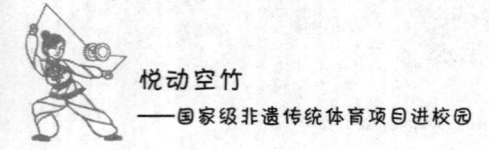

附录十二 六年级下册空竹教学计划

课时	学习内容	技能学习目标	动作重难点	学习评价
2	复习	熟练之前所学技术动作	空竹的调整	动作舒展，上下肢协调配合
3	两人对抛一个空竹	熟悉并练习，双人配合默契，培养学生的合作意识	两人之间的配合	两人能共同完成并做到配合默契
3	两人对传两个空竹	熟悉并练习，双人配合默契，培养学生的合作意识	两人之间的配合	两人能共同完成并做到配合默契，做到空竹不掉落
3	四人传一个空竹	四人	四人之间的配合	四人轮流传接空竹，配合默契
3	两人一空竹绕脚对抛	熟悉并练习，双人配合默契，培养学生的合作意识	两人之间的配合	两人能共同完成并做到配合默契
2	考核	学生完成考核项目	空竹保持平衡	动作熟练准确，成功完成，人与空竹能协调配合
2	机动			

六年级下册空竹考核内容：两人一空竹绕脚对抛（1分钟）

等级	优秀	良好	合格	不合格
考核标准	20个以上	15~19个	10~14个	10个以下